V

V (c)

RECUEIL

DE PROCÉDÉS

CHIMIQUES

POUR,

LES LIQUIDES EN GÉNÉRAL.

TOUTES LES RECETTES SONT ÉPROUVÉES ET
GARANTIES PAR L'AUTEUR,

M. le comte de **G. LAZOSKI**,
Professeur de Chimie.

A TOULON

Chez KOHN , libraire place d'Armes.

———

1833.

RÈGLE GÉNÉRALE
POUR FABRIQUER TOUTES SORTES
DE
LIQUEURS SANS DISTILLATION.

Pour 8 bouteilles : Prenez 8 livres de sucre, 6 livres d'eau : après que le sucre est bien fondu, l'on y ajoute 5 livres d'esprit de vin, et les essences et couleurs qu'on trouve dans les recettes suivantes, après on filtre.

Marasquin.

1 gros d'essence de marasquin, un litre kirchewaser, une livre d'eau et une livre d'esprit de vin de moins qu'il n'est parlé dans la règle générale.

Persico.

Prenez 1 gros d'essence de persico.

Huile de noyaux.

Prenez 1 gros d'essence de noyaux.

Huile de rose.

Prenez 10 gouttes d'essence de rose, et on y ajoute la couleur de rôes.

Huile de Vanille.

Prenez 2 gros d'extrait de vanille et la couleur de rose.

Rosolio.

Prenez 1 gros d'extrait de vanille, 3 gouttes

d'essence de rose , 8 onces d'eau de fleur d'orange et la couleur de rose.

Anisette.

Prenez 1 gros et demi d'essence d'anis , 8 gouttes d'essence de cannélle.

Véritable curaçao de Hollande.

Prez 2 gros d'essence de curaçao, 6 gouttes d'essence de cannelle de Ceylan, le sucre et l'eau. On les fait bouillir 5 minutes avec le jus et la râpure de 6 oranges ; on les colore avec du caramel et un peu de cochenille.

Huile d'ananas.

Prenez une livre d'ananas râpé , infusez 8 jours dans l'esprit.

Crême de menthe verte.

Prenez un gros d'essence de menthe et la couleur verte.

Citronelle.

Prenez 2 gros d'essence de citron et la couleur jaune.

Baume humain.

Prenez 3 gouttes d'essence de rose , 8 gouttes d'essence de cannelle , 24 gouttes d'esseuce de cédrat , 8 gouttes d'essence de macis.

Huile de Rhum.

L'on remplace l'esprit par du rhum , et l'on met l'eau en proportion du degré.

Cannelin de Corfou.

Prenez un demi-gros d'essence de cannélle de Ceylan.

Alkermès de Florence.

Prenez 1 gros de vanille , 1 gros de cardamomum , 1 gros de noix muscade , 2 gros de cannelle de Ceylan ; toutes ces substances pilées et infusées 3 jours dans l'esprit de vin , après l'on y ajoute 5 gouttes d'essence de rose et la couleur rose.

Garofolino.

Prenez un demi-gros d'essence de girofle et la couleur rose.

Extrait d'absinthe,

Prenez 4 litres d'esprit , 2 gros d'essence d'absinthe , 2 gros d'essence de fenouil , 2 gros d'essence d'anis , 2 litres d'eau et la couleur verte.

Huile de la Martinique.

Prenez 1 gros d'essence de vanille , 8 gouttes d'essence de néroli , 8 gouttes d'essence de cannelle.

Crême de nymphe.

Prenez 24 gouttes d'essence de cannelle , 12 gouttes de muscade ; 4 gouttes d'essence de rose.

Huile de cinamomum.

Prenez 1 demi-gros d'essence de cannelle de Ceylan ; on colore jaune légèrement.

Rose blanche.

Prenez 10 gouttes d'essence de rose , 6 gouttes teinture de musc.

Ruga.

Prenez 8 onces de rhue infusée 8 jours dans l'esprit.

Eau de chasseur.

Prenez 36 gouttes d'essence de menthe , douze gouttes d'essence de muscade , couleur verte.

Eau d'or.

Prenez 6 gouttes d'essence de cannelle , 10 gouttes d'essence de macis , 1 gros d'essence de citron ; on colore couleur de paille avec du jaune, et après l'avoir filtré, on y ajoute une feuille d'or sur chaque bouteille.

Eau d'argent.

Prenez 1 gros d'essence de cédrat , 4 gouttes de rose ; après l'avoir filtré on y ajoute une feuille d'argent sur chaque bouteille.

Eau des belles femmes.

Prenez 1 gros d'essence de vanille , 8 gouttes d'essence de néroli, 2 gouttes d'essence de rose et la couleur rose.

Parfait amour.

Prenez 36 gouttes d'essence de girofle , 12 de macis, 1 gros d'essence de citron , et couleur rose.

Coquette flatteuse.

Prenez 6 gouttes d'essence de rose , 12 gouttes de teinture de musc et 8 de cannelle.

Eau de noix.

Prenez 110 noix vertes pilées , 1 once de cloux de girofle , 2 onces de cannelle , infusez dans 20 litres d'eau-de-vie pendant 4 semaines , ensuite on le tire au clair et l'on y ajoute 10 livres de sirop ordinaire.

Elixir de néroli.

Prenez 4 gros de mirrhe , 24 gouttes d'essence de néroli , infusez pendant 8 jours dans l'esprit.

Huile de Thé.

Prenez 2 onces de thé impérial , infusez 8 jours dans l'esprit.

Huile de girofle.

Prenez un demi-gros d'essence de girofle et la couleur rose.

Crême de cédrat.
Prenez 2 gros d'essence de cédrat.
Crême de rose.
Prenez 10 gouttes d'essence de rose et la couleur rose.

Crême d'orange.
Prenez 2 gros d'essence d'orange et la couleur jaune.
Crême de Jasmin.
Prenez 2 gros d'essence de jasmin.
Crême à la fleur d'orange.
Prenez une livre d'eau de fleurs d'orange triple.
Crême de Portugal.
Prenez 2 gros d'essence de citron et la couleur jaune.
Ratafia de Grenoble.
Prenez 50 livres de cerises noires pilées : on les laisse fermenter 3 jours, après on y ajoute 15 litres d'eau-de-vie, 2 onces de cannelle, 1 once de noix muscade ; on laisse infuser le tout 8 jours, après on le tire au clair et on y ajoute 10 livres de sirop.
Ratafia de coings.
Prenez 4 livres de coings, infusez 8 jours dans l'esprit.
Ratafia de fraises.
Le jus de 3 livres de fraises.
Ratafia de framboises.
Le jus de 3 livres de framboises.
Liqueur stomachique amère.
Prenez 1 once de cachoux, 10 grains d'aloès sucotrin, 1 gros de myrre, une once de cannelle, le tout infusé 8 jours.

Huile d'Ether.

Prenez 1 gros d'essence de cédrat, 1 gros d'éther sulfurique.

Huile de kirsch-waser.

L'on remplace l'esprit par du kirsch, et l'on met moins d'eau en proportion du degré.

Huile de menthe.

Prenez 1 gros d'essence de menthe.

Huile de violette.

Prenez 2 onces de fleurs de violettes sèches, infusez 8 jours dans l'esprit.

Huile de myrre.

Prenez 1 once de myrre pilée, infusez 8 jours dans l'esprit.

Huile cordiale.

Prenez 8 gouttes d'essence de cannelle, 6 gouttes de girofle, 6 gouttes de muscade et 15 gouttes de menthe.

Rosolio de Breslau.

Prenez 1 gros de vanille, 4 gouttes d'essence de rose, 6 gouttes de néroli, le sucre et l'eau ; on les fait bouillir 5 minutes avec le jus de 6 oranges et 1 once de capillaire.

REGLE GÉNÉRALE

POUR LA DISTILLATION.

L'on mettra premièrement 5 livres d'eau dans l'alambic et 1 livre d'esprit avec les aromates que l'on trouve dans la recette suivante ; l'on distille jusqu'à ce qu'on ait reçu la livre d'esprit ; alors

la distillation est finie. Pendant que cette distillation s'opère , l'on mettra dans une terrine de
terre 8 livres de sucre et 6 livres d'eau , quand le
sucre est bien fondu on ajoute 4 livres d'esprit et
la livre provenant de la distillation , après on
filtre.

Anisette de la Martinique.
Prenez 8 onces d'anis vert , 2 onces d'anis
étoilé , 4 gros de cannelle de Ceylan.

Crême moka.
Prenez 8 onces de café grillé , on le met entier
dans l'alambic.

Elixir de Garus.
Prenez 2 gros de myrre , 2 gros d'aloès sucotrin , 2 gros de noix muscade , 2 gros de cloux
de girofle , 1 once de cannelle de Ceylan ; on colore jaune.

Mirabolenti.
Prenez 4 onces de mirabolenti , 2 onces de
cardamomum.

Curaçao distillé.
Prenez 1 livre écorce de curaçao , 1 once cannelle de Ceylan ; infusez 3 jours dans l'esprit ,
après on le distille.

Verdolino de Turin.
Prenez 4 gros de myrre , 1 once de cannelle ,
2 onces de cardamomum , couleur verte.

Eau divine.
Prenez 1 once de cannelle , 4 onces de cacao ,
1 gros de myrre.

Eau romaine.
Prenez 4 gros de noix muscade , 1 once de
cannelle , 1 once de calamus aromaticus.

Huile de Vénus.

Prenez 1 once de cardamomum, 1 once d'ambrette, 1 once de cannelle, 2 gros de macis, le jus de 6 oranges.

Lait des vieilles.

Prenez 6 onces de cacao, 1 once de cannelle, 1 once de semence de carotte.

Eau du Paradis.

Prenez 4 onces de cacao, 2 onces de cardamomum, 1 once de cannelle de Ceylan.

Anisette de Bordeaux.

Prenez 8 onces d'anis vert, 1 once de coriandre, 4 gros de cannelle de Ceylan.

Eau-de-vie d'Auzihe.

Prenez 4 onces de cacao, 1 once de cannelle de Ceylan, 4 gros de macis, le zeste de 4 citrons, et après avoir filtré on met une feuille d'or sur chaque bouteille.

Eau-de-vie d'Andaye.

Prenez 2 onces d'iris en poudre, 2 onces de graine de genièvre, 2 onces d'anis vert, 2 onces de graine d'angélique, 1 once de cannelle; on met moitié moins de sucre que pour les autres liqueurs.

Eau de la Côte-St-André.

Prenez 1 livre d'amandes de pêches, 1 once de cannelle, le jus de 10 oranges.

Cédrat de la Côte-St-André.

Le zeste de 18 cédrats.

Champ d'asile.

Prenez 2 onces de carvi, 2 onces d'ambrette, 1 once de cannelle de Ceylan.

Eau de Malte.

Prenez 1 once de cannelle , 1 gros de castorium ,
2 gros de castorium , 2 gros de macis.

Vespetro.

Prenez 2 onces de graines d'angélique, 1 once de
cannelle , 2 gros de macis , le zeste de 10 citrons.

Scubac d'Irlande.

Ayez 3 onces de fenouil de Florence , 2 onces
de cannelle , 2 gros de noix muscade ; on colore
jaune très chargé.

Macaroni.

Ayez 1 livre d'amandes amères , 1 once de cannelle , 4 gros de noix muscade.

Eau cordiale.

Ayez 2 gros de myrre , 1 once de cannelle , 2
onces de cardamomum.

Crême d'absinthe.

Ayez 6 onces d'herbe d'absinthe , 2 onces d'anis
vert.

Crême d'Angélique.

Ayez 2 onces de racine d'angélique.

Crême Impériale.

Ayez 1 once de semence de carotte , 1 once
de cannelle , 2 onces de semence d'angélique , 2
onces d'iris en poudre.

Crême royale.

Ayez 1 once de cloux de girofle , 1 gros de
myrre , 1 once de cannelle , 2 onces de carvi.

Huile de Jupiter.

Ayez 2 onces de fenouil , 2 onces de cannelle ,
2 onces de cacao , 1 once d'iris.

Huile d'anis des Indes.

Ayez 6 onces de badiane , 1 once de cannelle.

Huile d'absinthe.

Ayez 8 onces d'herbe d'absinthe.

Huile d'Angélique.

Ayez 3 onces racine d'angélique, 1 once de cannelle.

Huile de céleri.

Ayez 3 onces de semence de céleri.

Véritable absinthe du Couvet en Suisse.

Ayez 5 litres d'esprit, 4 litres d'eau, 14 onces d'herbe d'absinthe, 7 onces de fenouil de Florence, 4 onces d'anis, 2 onces d'herbe de menthe, le tout infusé huit jours ; ensuite on le presse et on distille le liquide seul, puis on le colore olive.

Couleur olive.

On colore la liqueur d'un beau bleu de ciel, et pour la rendre olive l'on y ajoute du sucre brûlé.

Couleur rose pour toutes les liqueurs.

Ayez 1 once de cochenille pilée, 2 onces de cendres de bois, 2 livres d'eau ; on les fait bouillir 5 minutes dans une casserole de terre, et l'on colore la liqueur à volonté.

Couleur jaune.

Prenez 1 gros de safran infusé dans un verre d'eau chaude.

Couleur verte.

Des tablettes de bleu cannelé que les épiciers vendent pour le linge : on en fait dissoudre dans un verre d'eau chaude, l'on colore la liqueur d'un beau bleu de ciel, et pour la rendre verte, l'on y ajoute la teinture de safran.

Couleur violette.

On colore la liqueur rose pâle, et l'on y ajoute un peu de bleu.

RÈGLE GÉNÉRALE

POUR LES GLACES A LA CRÈME.

Prenez 3 livres du meilleur lait, le jaune de 8 œufs et 12 onces de sucre, on le fait cuire sur un feu doux de la manière habituelle, avec les aromates que l'on trouve dans les recettes suivantes, selon la qualité que l'on désire faire.

Crème au Chocolat.

Prenez 6 onces de chocolat superfin râpé dans la crème.

Crème à la Vanille.

Prenez 1 gros de vanille de la première qualité.

Crème au Café.

Prenez 6 onces de café grillé, on le met entier dans la crème.

Crème aux Amandes grillées.

Prenez 4 onces d'amandes amères coupées en 4 et grillées comme l'on fait griller le café.

Crème aux Pistaches.

Prenez 4 onces de pistaches, on les fait blanchir dans l'eau chaude, puis on les pèle et on les coupe en 4.

Crème à la fleur d'Oranges.

Prenez 4 onces de fleurs d'oranges confites, bien pilées avec le sucre.

Crème au Cédrat.

Pernez la râpure de 4 cédrats.

Crème à la Cannelle.

Prenez 4 gros de cannelle de Ceylan.

RÈGLE GÉNÉRALE

POUR LES GLACES AU FRUIT.

Prenez 2 livres de sirop bien cuit, 1 livre d'eau avec le parfum indiqué ci-dessous.

Glaces aux Fraises.

Prenez le jus de 2 livres de fraises et de 3 citrons.

Glace au citron.

Prenez le jus de 12 citrons.

Glaces aux Framboises.

Prenez le jus de 2 livres de framboises et de 3 citrons.

Glace aux Pêches.

Prenez le jus de 2 livres de pêches et de 3 citrons.

Glace aux Abricots.

Prenez le jus de 2 livres d'abricots et de 3 citrons.

Glace à la Rose.

Prenez 1 livre d'eau de rose, le jus de 6 citrons et la couleur rose.

Glace à la Fleur d'Oranges.

Prenez 6 onces d'eau de fleurs d'oranges et le jus de 6 citrons.

Glace à la Cannelle.

Prenez 6 onces d'eau de cannelle de Ceylan et le jus de 6 citrons.

Glace aux Oranges.

Prenez le jus de 10 oranges.

Glace au Marasquin.

Prenez 20 gouttes d'essence de Marasquin et le jus de 4 citrons.

Recette pour fabriquer du Vin de Malaga.

Prenez 6 bouteilles de bon vin blanc, 4 livres de sucre en poudre, 2 gros de cachoux, 4 gros de fleurs de cartame, 2 livres de véritable raisin sec de Malaga, pilé comme une pâte de beurre; faites bouillir le tout ensemble pendant une minute; après que ce mélange est froid, donnez-lui la couleur avec du sucre brûlé, filtrez le tout et mettez-le dans un tonneau goudronné exprès. Comme il faut soufrer le tonneau pour le vin blanc, vous y ajoutez 1 litre d'esprit de vin.

Vin de Lacryma-Christi.

Prenez 25 livres de bon vin rouge, demi-livre de corente, 2 livres de sucre, 2 onces de fleur de pavôt, 4 gros de safranum, 1 gros de cachoux; on fait bouillir le tout une seule minute; après qu'il est froid, l'on y ajoute 20 onces d'esprit de vin et on le filtre.

Vin de Madère.

Prenez 16 bouteilles de vin blanc, 2 livres de sucre, 2 livres de figues sèches pilées, 2 onces de fleurs de tilleul; un gros de rhubarbe orientale, un grain d'aloès sucotrin; faites bouillir le tout pendant une minute, et après filtrez; ajoutez ensuite 1 litre et demi d'esprit de vin.

Vin de Champagne mousseux.

Prenez 16 bouteilles de vin blanc, 2 livres de noir d'os bien lavé à l'eau chaude, une livre de dattes bien pilées, 1 gros de semence de céleri, 1 once d'acide tartarique, 1 once de carbonate de soude; faites bouillir le tout pendant une minute, et après qu'il est refroidi ajoutez 1 litre et demi d'esprit de vin, filtrez et mettrez en bouteilles.

Eau-de-vie de Cognac.

Prenez 100 litres d'esprit , 4 onces de fleur de tilleul , 2 onces de thé , 1 once de cachoux brut pilé , 2 gros de rhubarbe , 2 gros de noix mus-cade , 3 grains d'aloès sucotrin ; faites infuser le tout pendant huit jours , et après on le réduit avec de l'eau de pluie , et l'on y ajoute d'un verre jus-qu'à quatre verres de jus de raisin par velte.

Eau de Cologne , véritable recette de Jean-Marie Farina.

Prenez 2 litres d'esprit de vin à 33 degrés , 2 onces d'essence de bergamotte , 1 once d'essence de citron , 2 gros d'essence de néroli , 4 gros d'essence de girofle , 3 gros d'essence de lavande , 2 gros d'essence de romarin , le tout bien mé-langé , et passez au filtre.

Véritable Elixir de longue vie.

Prenez 1 litre d'esprit de vin à 33 degrés , 2 litres d'eau-de-vie à 22 degrés , 2 onces d'aloès sucotrin , 2 gros de zéodoria , 2 gros de gen-tiane , 4 gros de rhubarbe , 2 gros agarique blanc , 1 once de thériaque de Venise , 4 gros de safran , le tout ensemble infusé pendant huit jours , et après passez au filtre.

Limonade gazeuse en paquet.

Prenez 1 once de sucre , 1 gros de carbonate de soude , ces deux substances bien pilées ensem-ble et conservées dans du papier. Quand on veut faire la limonade , on a dans un autre papier 1 gros d'acide tartarique en poudre , on mêle le tout en-semble et on le verse dans un grand verre d'eau.

Kirsch-Wasser.

Prenez 4 litres d'esprit , 1 gros d'essence de noyau et 20 gouttes d'essence de néroli.

Eau de Fleurs d'Orange.

Prenez 1 gros de néroli surfin : on le met dans un verre avec de la magnésie, on en fait une pâte dure, après on la délaye dans 6 bouteilles d'eau, et on filtre.

Eau de Rose.

Un gros essence de rose pour 12 bouteilles d'eau préparées comme la recette ci-dessus.

Bière de Gingembre anglaise.

Prenez 10 livres d'eau, 15 onces de sucre, le jus et la râpure de 2 citrons ; 12 gros de gingembre pilé, 1 once de levure de bière ; on laisse fermenter le tout pendant 48 heures ; on filtre ensuite et on met en bouteilles.

Pour fabriquer le Lait de Carmin, pour la toilette des Dames.

(Ce lait a la propriété de blanchir la peau, de lui donner la teinte d'un blanc rosat très fin et d'en faire disparaître les taches). Prenez 2 livres de jus d'ognon, 4 onces étrace du Levant ; 1 once essence de jasmin, 1 once d'esprit de rose, le tout ensemble infusé pendant 24 heures, filtrez-le et mettez-le en bouteilles.

Recette pour la Moutarde de santé.

Prenez 46 litres de bon vinaigre, 2 onces de cloux de girofle, 2 onces de canelle, 1 once d'essence de citron, 4 gros de cayenne des Indes, une livre d'herbe d'estragon, 4 onces d'herbe de thym ; infusez le tout pendant 8 jours. Ajoutez ensuite 1 livre de ciboule pilée, pressez le tout à la presse, et filtrez. Ensuite on y mélange 36 livres de farine de moutarde, 4 livres de fécule de pommes de terre, 4 livres de sucre, mé-

langez bien le tout et faites chauffer à 25 degrés
de chaleur.

Pour composer en un instant de l'encre noire azurée.

Prenez 8 onces de vin blanc, 1 once de véritable noir d'ivoire, 1 demi-gros d'indigo du Ben-
gale pilé, 2 gros de gomme arabique pilée, 1
once de sucre, mélangez bien le tout et faites
chauffer à 25 degrés de chaleur.

Pour faire du très bon vinaigre avec de l'eau.

Prenez 4 onces de farine de moutardes, 4 onces de poivre long, 1 livre d'acide tartarique, 2
livres de mélasse, 10 livres de farine ordinaire ;
faites du tout une pâte comme pour faire du pain,
laissez cette pâte bien pliée dans un linge, dans
un lieu un peu chaud, pendant 48 heures ; ensuite on fait cuire cette pâte au four comme un
pain, on la coupe après par petits morceaux et
on la met dans un petit tonneau contenant 125
bouteilles d'eau à 25 degrés de chaleur et sur du
marc de vinaigre ; on y ajoute 5 litres d'esprit de
vin. Le local où la préparation est faite doit être
échauffé à 25 degrés.

Procédé chimique pour se réveiller à l'heure
que l'on désire.

Prenez 2 litres de vinaigre ; 8 onces de sel de
Saturne ; plongez dedans une corde de la gros-
seur du petit doigt : faites bouillir un quart-d'heure
et ensuite sécher la corde. On place une sonnette
avec un ressort attaché avec une ficelle bien ten-
due. Au-dessous l'on place une bougie et l'on at-
tache la corde préparée dans une longueur d'au-

tant de pouces que l'on veut qu'elle dure d'heures ; l'extrémité de la corde préparée doit aboutir
sur la mèche de la bougie : on met sur cette mèche un peu de souffre. Quand la corde préparée
est consumée, le souffre prend feu, la bougie
s'allume la petite ficelle qui tient le ressort, la-
quelle, en se rompant, fait retentir la sonnette
qui réveille. Avant de se coucher on met le feu
à l'extrémité opposée de la corde préparé qui sert
de mèche.

Baromètre chimique.

Prenez 1 gros de salpêtre, 3 gros de camphre,
1 gros de sel ammoniac, 4 onces d'esprit à 36
degrés ; mettez le tout dans un flacon ouvert.
Quand le temps est beau, la composition est lim-
pide, et quand le temps veut changer, la composition devient trouble.

Pastilles pour parfumer les appartemens.

Prenez 1 livre de charbon de boulanger pilé,
1 once de benjoin, 2 gros d'estorac, 2 gros de
baume du Pérou, puis avec de l'eau de gomme
on fait une pâte du tout.

Opiat Anglais pour les dents.

Prenez 1 once de pierre ponce bien pilée, et
amisée, 1 once de terre sigillée, 6 gros de co-
rail rouge préparé, 4 gros de sang de dragon, 2
gros d'acide tartarique, 1 gros de poudre de rose,
4 gros de clous de girofle, 4 gros de canelle, le
tout bien pilé ensemble et passé au tamis fin.

Taffetas Anglais.

Mettez 1 once de colle de poisson dans 2 onces
de vinaigre ; après que la colle est bien fondue,

on la fait bouillir jusqu'à ce qu'elle soit réduite à
moitié ; ensuite on y met 30 gouttes d'essence de
girofle. On enduit le taffetas , avec un pinceau ,
de 3 ou 4 couches de ce mélange.

Recette pour nettoyer les vieux tableaux.

Prenez 2 onces d'essence de térébenthine , 1
once d'esprit de vin bien mélangé , avec du coton.
On lave le tableau , aussitôt on y passe une couche
de térébenthine seule , et s'il y a des taches , on
les lave avec de l'esprit seul , et ensuite on y passe
l'huile de térébenthine. S'il se trouve des taches
difficiles à enlever, on les lave avec de la teinture
de cali , sel tartari ; après on y passe un vernis
composé de trois onces de mastic choisi et dissout
dans 8 onces d'essence de térébenthine.

Véritable Cirage anglais.

Prenez 1 livre de sucre en poudre , 8 onces de
noir d'ivoire , 4 gros de gomme arabique , 1 gros
d'indigo , le jus de 4 citrons , 8 onces de vinaigre , 1 once d'huile d'olive , un demi-gros d'essence de citron. Mélangez bien le tout et ajoutez-
y ensuite 1 once et 4 gros d'acide sulfurique.

Procédé chimique pour graver sur le verre.

Couvrez le verre d'une couche de cire vierge ,
écrivez avec une plume ce que vous désirez graver. Mettez dans une assiette 2 onces de castine
pilée et 2 onces d'acide sulfurique ; placez le verre
sur l'assiette de manière que l'air ne puisse péné-
trer. Le gaz qui se développe de la castine et de
l'acide a la propriété de ronger le verre.

Secret pour teindre rose à la mode chinoise.

Prenez 4 livres d'orcanête pulvérisée , 8 livres d'huile fine , et faites infuser pendant 8 jours. On trempe la soie ou le coton dans cette composition, et après les avoir bien fait sécher on les met dans une lessive de 25 litres d'eau et 8 livres de potasse; cette dernière substance absorbe l'huile ; ensuite on lave bien les objets dans de l'eau fraiche.

Encre à marquer le linge.

Prenez 1 once de sous-carbonate de potasse , fondu dans 4 gros d'eau bouillante. Ajoutez 4 gros de rognure de peau de veau coupée par petits morceaux , et 2 gros de fleurs de soufre ; faites bouillir le tout dans un cuiller de fer jusqu'à ce qu'il soit sec : ensuite faites réchauffer vivement jusqu'à ce qu'il soit rouge ; après ajoutez un peu d'eau pour le rendre liquide.

Pâte minérale pour repasser les Rasoirs.

Prenez 1 livre de rouge d'orfèvre , 1 once d'essence de citron et une quantité suffisante de graisse de cochon salé pour faire une pâte dure.

Cire à cacheter.

4 onces gomme laque ,
4 onces térébenthine ,
1 once blanc d'Espagne ,
1 once carmin chinois ,
2 gros benjoin.

Recette pour faire de la glace.

2 onces muriate d'ammoniac,
2 onces nitrate de potasse,
3 onces sulfate de soude.

Le tout bien pilé et mélangé dans 5 onces d'eau, dans l'espace de 10 minutes vous aurez de la glace.

Recette pour graver sur l'acier.

Couvrez l'acier avec de la cire fondue, tracez les lettres ou gravures que vous désirez y graver, après mettez dessus de l'acide nitrique.

Recette pour fabriquer l'encre.

1 livre de sulfate de fer,
3 livres de noix de galle pilées,
2 livres d'eau,
2 livres de bois de campêche,
1 once de gomme arabique,
4 gros d'indigo,
2 livres de vinaigre.

Recette pour purifier les huiles.

Battez pendant un quart-d'heure 100 livres d'huile avec 4 onces d'acide tartarique en poudre, après l'on ajoute 2 pintes de lait bouillant, on le mêle bien, on ajoute 20 livres d'eau après on le sépare.

Recette pour changer l'eau en vin.

2 litres de vin dans une grosse bouteille,
4 onces de véritable noir d'ivoire.

On agite bien pendant 24 heures, après on le filtre, on le met à table dans des carafes comme si c'était de l'eau. S'il y a des étrangers à table on leur dit qu'il sera agréable de changer l'eau en

vin , l'on fait apporter des bouteilles vides dans
lesquelles l'on aura mis d'avance une cuiller à
soupe de teinture de bois du Brésil en remplis-
sant la bouteille avec ladite caraffe, le vin re-
prend sa couleur , et l'on croit que c'est de l'eau
changeé en vin.

Recette pour fabriquer la poudre à fusil.

10 onces de nitre ,

2 onces de charbon de noisette ,

1 once et demie de soufre.

Les trois objets séparement bien pilés et tami-
sés , après on les réunit parfaitement et on en fait
une pâte dure avec de l'eau , après on le rape
avec une fine rape et on la fait sécher.

Produire des flammes de feu.

L'on verse ensemble dans une terrine de terre
un grand verre d'huile de térébenthine et égale
quantité d'acide nitrique fumant.

Toulon, Imprimerie de Baume , place d'Armes.

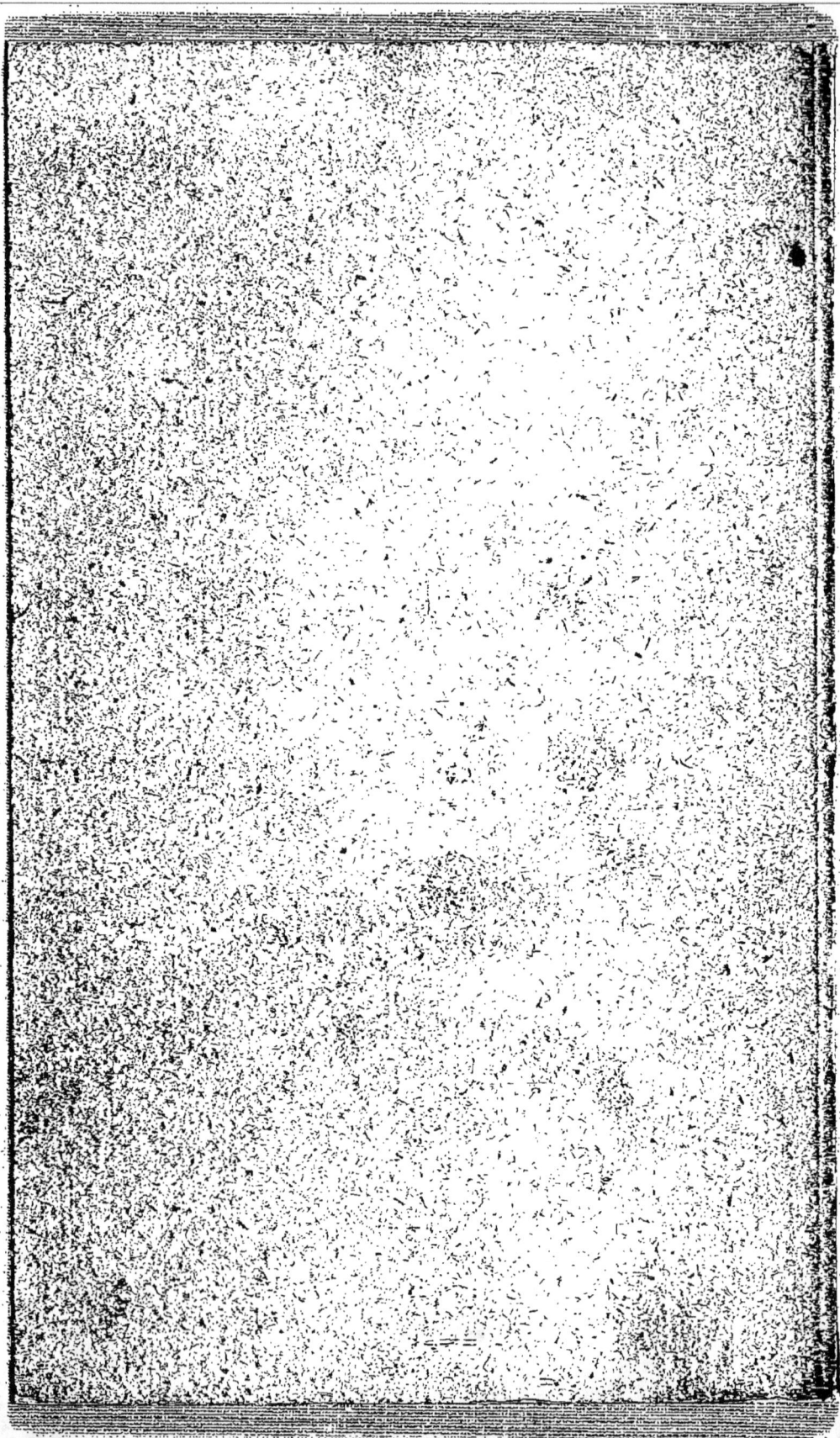